Inhalt

Personalmangel in der Pflegebranche? - Die Bundesagentur ist anderer Ansicht

Kernthesen

Beitrag

Fallbeispiele

Weiterführende Literatur

Impressum

Personalmangel in der Pflegebranche? - Die Bundesagentur ist anderer Ansicht

R.Reuter

Kernthesen

- Pflegeeinrichtungen beklagen, dass ihnen Fachkräfte fehlen.
- Die Bundesagentur für Arbeit weist die Vorwürfe zurück. Sie verweist auf eine große Zahl arbeitsuchender Pflegekräfte, die aber niemand haben wolle.
- Prinzipiell wird jedoch nicht bezweifelt, dass unsere alternde Gesellschaft schon in wenigen Jahren weit mehr Pflegekräfte braucht, als zur Verfügung stehen werden.

Beitrag

Personalmangel überall

Einer aktuellen Studie zufolge wird der allgemeine Mangel an Fachkräften zum Kernproblem des Aufschwungs und der deutschen Wirtschaft. Schon in fünf Jahren sollen demnach fast drei Millionen Mitarbeiter fehlen. Auch die Wirtschaftskrise, die die Betriebe breitflächig zu Kurzarbeit gezwungen hat, ändert an diesen Aussichten nichts. Fehlen werden nicht nur Ingenieure und andere Akademiker, sondern auch Lehrer, Juristen und Ungelernte. (1)

Pflegebranche sucht Hilfskräfte

Schon heute leidet die Pflegebranche nach eigener Aussage unter Personalmangel. Die Branche sucht Tausende von Pflegehilfskräften, die sie insbesondere bei den Hartz-IV-Empfängern rekrutieren will. Bei diesem Ansinnen stoßen die Pflegeeinrichtungen jedoch meist auf wenig motivierte Leute. Ein Pflegeheimbetreiber sagte, dass nach seinen Erkenntnissen rund 300 000 Langzeitarbeitslose von ihrer Qualifikation her sofort in der Pflege anfangen können müssten. Dass dies nicht passiert, sei umso bedauernswerter, da in deutschen Heimen 700 000 Menschen sitzen, die nur darauf warten, dass jemand ihnen vorliest, einen Apfel schält, sie spazieren führt und sie so aus der Einsamkeit holt. Die Kritik gilt aber nicht nur unmotivierten Arbeitslosen, sondern auch der Bundesagentur. Die Pflegebranche bemängelt, dass sich die Jobvermittler zu wenig darum kümmern, geeignete Kandidaten aus den Karteien herauszufischen. (2)

Optimistische Ziele nicht erreicht

Die Idee, Hartz-IV-Empfänger zu Pflegehelfern zu machen und ihnen so einen ersten Schritt in den regulären Arbeitsmarkt zu ermöglichen, stammt noch aus der Zeit der großen Koalition. Die damaligen Bundesminister für Gesundheit und Arbeit, Ulla Schmidt und Olaf Scholz, hatten im Zuge der Pflegereform 2008 in Aussicht gestellt, rund 100 000 Hartz-IV-Empfänger in Pflegeberufe zu vermitteln. Dieses Ziel hat sich als zu optimistisch erwiesen. Nach Angaben des Gesundheitsministeriums sind seit Mitte 2008 nur rund 15 000 so genannte Betreuungsassistenten eingestellt worden, die zuvor aber nicht Hartz-IV-Bezieher, sondern normale Arbeitslose gewesen waren. Derzeit schätzt die Branche ihren Bedarf an qualifizierten Pflegern auf 50 000 Mitarbeiter. Darüber hinaus fehlen tausende

Pflegehilfskräfte. Da die Zahl der Pflegebedürftigen in Deutschland stetig wächst, wird der Personalbedarf noch weiter steigen. (2)

Bundesagentur für Arbeit weist Vorwürfe zurück

Die Klage der Pflegebranche über einen zunehmenden Fach- und Hilfskräftemangel ist nach Auffassung der Bundesagentur für Arbeit überzogen. Die BA gibt an, auf Drängen der Politik eine große Zahl von Arbeitslosen zu Pflegekräften weitergebildet zu haben, die nun aber niemand haben wolle. 25 000 potenzielle Pflegekräfte seien in den Karteien identifiziert worden, wovon 15 000 eine Qualifizierungsmaßnahme abgeschlossen hätten. Die erhoffte Nachfrage nach diesen Kräften sei jedoch komplett ausgeblieben. So seien im März mehr als 22 500 offene Stellen in sozialpflegerischen Berufen gemeldet gewesen, darunter gut 12 000 als Altenpfleger. Dem stünden 86 000 Pflegekräfte gegenüber, die auf Arbeitssuche seien. Die Bundesagentur wirft der Politik darum vor, eine Initiative für einen Arbeitsmarkt gestartet zu haben, der noch gar nicht bestehe. (3)

Trends

5000 Ärzte fehlen

Eine Studie der Deutschen Krankenhausgesellschaft (DKG) zeichnet von der Situation der Krankenhäuser ein prekäres Bild. So habe die Zahl unbesetzter Arztstellen die Rekordhöhe von 5000 erreicht. Vier von fünf Kliniken beklagten, dass sie trotz ausgeschriebener Stellen nicht genügend Ärzte finden. 2008 betrug die Zahl fehlender Ärzte nur 4 000. Im Vergleich mit 2006 habe sich die Zahl damit sogar vervierfacht. Durchschnittlich fehlten in den betroffenen Krankenhäusern vier Ärzte, rechnerisch waren das 6,2 Vollzeitstellen im Osten, 3,6 im Westen. (5)

Mangelnde Hygiene fordert Todesopfer

In den deutschen Krankenhäusern ist nach Auffassung von Experten immer häufiger ein nachlässiger Umgang mit Hygiene-Vorschriften zu beklagen. Warnungen, wie etwa nur die, sich die Hände richtig zu waschen, verhallten im Nichts, was zu immer mehr Todesfällen führe. 600 000 Menschen stecken sich jährlich im Krankenhaus zusätzlich mit Krankheitserregern an, die dann insbesondere hartnäckige Lungen-, Harnwegs- und Wundinfektionen hervorrufen. 15 000 dieser Patienten sterben jährlich an den Folgen. Das Robert- Koch-Institut geht davon aus, dass sich jede Dritte dieser Infektionen vermeiden ließe, wenn sich Ärzte und Pflegepersonal an die Vorschriften halten würden. Der Einsatz von Hygiene-Experten, die dem Personal eine fachgerechte Hygiene nahe bringen könnten, werde aus Kostengründen oft eingespart. (6)

Leiharbeiter in Pflegeeinrichtungen und Krankenhäusern

Leiharbeiter finden immer öfter in Krankenhäusern, Altenheimen und in mobilen Pflegediensten Beschäftigung. Seit 2004 hat sich ihre Zahl etwa verfünffacht, wie aus einer Studie des Instituts Arbeit und Technik (IAT) der Fachhochschule Gelsenkirchen hervorgeht. In absoluten Zahlen ist die Zahl von Leiharbeitern in der Pflege allerdings immer noch gering. Nur 19 000 der insgesamt 1,3 Millionen Pflegekräfte werden bei Zeitarbeitsfirmen geordert. Gleichwohl prognostizieren die Autoren der Studie einen deutlichen Anstieg in den nächsten Jahren. (9)

Fallbeispiele

Mindestlohn für Pflegekräfte

Bereits im März ist ein Mindestlohn auch für Pflegekräfte beschlossen worden. Bis vor kurzem stand die Umsetzung des Beschlusses jedoch aus, da die FDP-Minister in der Bundesregierung Mindestlöhne ablehnen. Jetzt aber hat Bundeswirtschaftsminister Rainer Brüderle seinen Widerstand gegen einen flächendeckenden Mindestlohn in der Pflegebranche aufgegeben. Brüderle hatte eine Befristung der gesetzlichen Lohnuntergrenze bis Ende 2011 gefordert, ist davon aber abgewichen. Die Befristung gilt jetzt bis 2014. Ab diesem Sommer wird für Pflegehilfskräfte die von der Pflege-Kommission empfohlene Lohnuntergrenze von 7,50 Euro in ostdeutschen und 8,50 Euro in westdeutschen Ländern gelten. Dieser Mindestlohn wird zudem um je 25 Cent zum 1. Januar 2012 und zum 1. Juli 2013 ansteigen. (4)

Notstand im Saarland

Die Saarländische Pflegegesellschaft hat vor einem Pflege-Notstand gewarnt. Schon in fünf Jahren würden im Saarland mehr als 600 ausgebildete Altenpfleger fehlen, bis 2020 sollen es sogar über tausend sein. Um der negativen Entwicklung vorzubeugen, fordert die Organisation deshalb höhere Investitionen in die Ausbildung. Die Arbeitsagenturen müssten mehr Umschulungen finanzieren, überdies will man stärker um Schulabgänger werben. Auch fordert man im Saarland neue Gesetze, die es ermöglichen, dass auch ambulante Pflegedienste ausbilden können. (7)

VDAB fordert Reformen

Der Bundesverband deutscher Alten- und Behindertenhilfe (VDAB) hat vorgerechnet, dass in 20 Jahren 42 Prozent mehr Pflegekräfte gebraucht werden. Dies wären 370 000 zusätzliche Mitarbeiter. Der Verband fordert daher Reformen durch den Gesetzgeber, die den Pflegeberuf gerade für junge Menschen attraktiver machen. (8)

Weiterführende Literatur

(1) Personalmangel wächst dramatisch
aus Handelsblatt Nr. 247 vom 22.12.2009 Seite 12

(2) Pflegebranche sucht Hartz-IV-Empfänger
aus Frankfurter Allgemeine Zeitung, 03.04.2010, Nr. 78,

S. 12

(3) Pflegekräfte ohne Arbeit
aus Frankfurter Allgemeine Zeitung, 06.05.2010, Nr. 104, S. 10

(4) Mindestlöhne sind auf dem Vormarsch
aus Handelsblatt Nr. 060 vom 26.03.2010 Seite 16

(5) In den Krankenhäusern fehlen 5000 Ärzte
aus Frankfurter Allgemeine Zeitung, 16.02.2010, Nr. 39, S. 11

(6) Tödliche Hände
aus Süddeutsche Zeitung, 10.07.2010, Ausgabe Deutschland, S. 1

(7) Pflegegesellschaft warnt vor Personal-Notstand
aus Saarbrücker Zeitung vom 29.06.2010

(8) Prekäre Lage in der Pflege
aus Rheinische Post Nr. vom 03.07.2010

(9) Geliehene Pflegekraft
aus Süddeutsche Zeitung, 23.06.2010, Ausgabe Bayern, Deutschland, S. 17

Impressum

Personalmangel in der Pflegebranche? - Die Bundesagentur ist anderer Ansicht

Bibliografische Information der deutschen Nationalbibliothek

Die Deutsche Nationalbibliothek verzeichnet diese Publikation in der deutschen Nationalbibliografie; detaillierte bibliografische Daten sind im Internet über http://dnb.d-nb.de abrufbar.

ISBN: 978-3-7379-0953-2

© 2015 GBI-Genios Deutsche Wirtschaftsdatenbank GmbH, Freischützstraße 96, 81927 München, www.genios.de

Alle Rechte vorbehalten. Dieses Werk ist einschließlich aller seiner Teile – z.B. Texte, Tabellen und Grafiken - urheberrechtlich geschützt. Jede Verwertung außerhalb der Grenzen des Urheberrechtsgesetzes bedarf der vorherigen Zustimmung des Verlags. Dies gilt insbesondere auch für auszugsweise Nachdrucke, fotomechanische

Vervielfältigungen (Fotokopie/Mikroskopie), Übersetzungen, Auswertungen durch Datenbanken oder ähnliche Einrichtungen und die Einspeicherung und Verarbeitung in elektronischen Systemen.